POESÍA

Derechos reservados
© 2023 Paola Llamas Dinero
© 2023 Almadía Aljosan S.L.
Calle Alberto Bosch, 9
28014, Madrid, España

https://editorialalmadia.com/
@EdAlmadiaEs
@edalmadiaes

Primera edición: mayo de 2024

isbn: 978-84-126900-7-1
Depósito legal: M-32545-2023

Paola Llamas Dinero

Poemas para otakus

Poemas para otakus

Paola Llamas Dinero

Almadía

…o para cualquier persona que se haya enamorado
de alguien que no existe.

OPENING

Deja de huir

Lo primero
es que la música
esté buena.

Después la voz
el pulso,
cuántas líneas caben
en un segundo,
cuántas lágrimas
pueden caer.

Cada palabra es la voz
entre planos,
el silencio de las geografías,
cuerpos
en su esplendor.

¿De qué se componen?

Puede que no entiendas nada
yamete yo.

Luego el cabello,
lo he dejado suelto
por si acaso,

        cae, por si acaso,
como debería caer un cabello real
porque es real,
o eso he pensado hasta ahora,
a veces se abren las puntas
a veces un poco de caspa.

Dios vive en el cabello,
no tengo pruebas
pero,

no sé
de dónde ha salido todo este viento
sopla

l e n t o

¿y esta colina?

(Poco importa).

Por si acaso, pierdo el sentido
porque siempre se pierde el sentido
hay que buscarlo,
POV de cualquier ser humano cualquier día.

He pensado profundamente en mi vida
el argumento de mi propia narrativa.

Escenas de acción
siempre hay
escenas de
          ACCIÓN,
algunos amigos;
tirar el dinero por la ventana
parece ser una buena decisión
en este
          preciso
                    momento.
No imaginas
que el enemigo
puedes ser tú mismo.

Puede
          que no entiendas nada,
yamete yo.

        No imaginas
pero imaginar
        lo es todo
ahora   entiendo.

Dejar de huir
y comenzar
lo que debe comenzar.

Capítulo I

Despiertas un día
y estás enamorada de alguien que no existe.

No importa cuándo leas esto.

Alguien debe pilotear la nave

En ese entonces hubiera preferido
quedarme sentada en los cajetes de la escuela.

Las bombas caían sobre la ciudad
que es mi propia vida.

¿Qué habría hecho alguien de mi condición?

Además de salir corriendo.

Hacia qué dirección,
las bombas podrían
caer de lleno,
sobre el techo de mi casa.

Sentada en los cajetes de la escuela
con la frente en las rodillas.

Pt.2

Cuando íbamos al templo
a ver arder el castillo,

siempre soñaba
con que al llegar a casa,
subiríamos corriendo a la azotea
y encontraríamos ya sin fuego
como una cosa del destino
el cadáver *exquisito*
de la corona.

Ya el puro esqueleto
de lo que fue un monstruo
al que todos teníamos miedo.

Una lanza,
algo de líquido naranja
todavía derramado en el piso.

Salvar al mundo
con mi propio miedo,
lágrimas contraídas.

Kurikitatakae

Nadie nos advirtió
que había que rasparse las rodillas.

Había que perder más
de una vez,
el estilo,
las ganas de llorar.

Desgarrarse la ropa nueva
comprada para Navidad,
salvarse el propio pellejo.

Me dijiste
pelea.

Está bien tener miedo.
Perder.

Defender con un brazo enyesado
a la más débil,
o a una misma.

Recibir con la cara en alto,
el balonazo accidental en las canchas,
escupirles los zapatos
a los niños malos
que quieren
reírse de ti.

Volarles el balón.

Ganar.
Y regresar al cielo
con todas tus fuerzas,
esas ganas de gritar.

Un reporte,
firmado por los padres de familia.

Power up plastic

No soy especial de ningún modo.

Recuerdo
el sudor que me quedaba
alrededor de la muñeca.

El destino
no puede explicarse.

Gracias a Dios
y a la fayuca de *Obregón,*
un buen día mi madre
encontró entre el mayoreo
un par de relojes que cambiaron
nuestras vidas.

Pasamos de ser un personaje secundario
a protagonistas.
El don del manejo del tiempo
ante las más grandes adversidades,
ni el agua, ni la oscuridad
nos detuvieron.

El botón de la derecha
y desprendía una luz verdosa
por si una noche
cualquiera   el mal.

A las ocho en punto
sonaba la alarma,
dábamos la señal
como líderes de la cuadra,
para que todos los niños
regresaran a sus casas.

Pasaban *Dragon Ball*
en el 5.

Nadie más,
tenía el poder
que nosotras
y como gentes nobles
ayudábamos a los otros
a encontrar el camino
de salvación en sus vidas.

Gracias al tiempo
a la fayuca
y a nuestros *relojes*
                    azules de plástico contra el agua.

Quisiera tener siempre el cabello lindo como esas monas del anime

Es una cuestión meramente egoísta.

Me cepillo, me cepillo bien.

Cuando alguien me mira
el cabello en la calle,
hago una pose discreta.

Mira su cabello, mamá
me señalan las niñas.

Me cepillo, me cepillo bien.

Haciendo un recuento en mi mente
no recuerdo la primera vez
que desee algo
con tantas ganas
pero siempre
quise peinarme sola.

A los ocho
gel y cepillo
sobre mis hombros,
los brazos cansados.
Recuerdo
ir a la escuela con dignidad
y una coleta mal hecha.

Me cepillo, me cepillo bien.

Mi primer personaje favorito fue Bulma
cabello verde, independiente;
en orden de aparición
me enamoré del primer muchacho
detrás de un cristal pixelado
Trunks su primogénito;
pensándolo mejor y ahora,
no sé si fue por su cabello,
qué juicio tendría alguien
con una coleta mal hecha.

Me cepillo, me cepillo bien.

Qué raro funciona el recuerdo
o el corazón
o el autocuidado
que a veces son casi lo mismo.

Hacer memoria.
La hago mientras

me cepillo,
me cepillo muy bien.

La adolescencia,
pintar mi cabello morado;
a mi edad, era difícil elegir ese camino
pero Trunks valía la pena,
reportes escolares,
citatorio a los padres de familia.

Luego vino otro color y otro,
y así los monos en fila.

Las heroínas,
Sailor Moon en el orgullo,
¿cómo es posible?

¿Cómo es posible desear algo
que no es posible?

Me cepillo, me cepillo bien
incluso duele.

Déjalo crecer, crecer, crecer.

¿Cómo es posible
lo que no es posible?

Déjalo crecer, crecer.

Alguna vez pensé *pelucas*, pero
las señoras de la cuadra insistían
qué bonito pelo tienes,
mis tías, las mamás de mis amigas;
qué sabrán esas señoras de *Sailor Moon*
qué sabrán de *Ranma ½*.

Déjalo crecer, crecer, crecer
crecer.

Como dejar crecer el deseo
de algo que no es posible
y hacerlo
            posible,
aunque sea con tratamientos, orzuela y
con kilos y kilos de decolorante.

Físicamente estoy aquí, pero mentalmente estoy en las calles de Akihabara

Quisiera abrazar
con todas mis fuerzas
a un Picachu de mi tamaño.

Vi tu video
como otras
veinte millones
     de personas
vieron tu video.

Me sirve.

Imaginarme corriendo
con los brazos hacia atrás,
comiendo un helado
rosado,
un pan al vapor
que posiblemente sepa mal,
el *jet lag* es hermoso
y llueve.

Las orejas de gato
nunca fueron
una opción tan viable.
Lolis en horario laboral,
¿quisieran ser mis amigas?

El Dios de
los subtítulos
reverencia profunda
profundísima.

Es divertido gastar el dinero
en máquinas
para sacar peluches.

Tantos
que abarquen por completo
el hueco que hay

en mi corazón.

Calambre.
Me levanto y todo en orden.

*Sonido del inodoro llevándose mis sueños,
piernas entumidas*

Hay días en los que me siento pésimo(tal vez borre después)

Mi trabajo consiste
en decirles a mis amigas
que todo va bien.
He recibido algunos mensajes,
y respondo
como es debido
es decir,
con caras felices ☺

Al fin y al cabo,
tengo al alcance de los dedos,
un repertorio:
noventa y seis caras distintas
para que alguna me represente.

El wifi funciona bien.

Tengo noventa y seis caras
y ninguna es mía,
mi lógica funciona bien,
tampoco se parecen mucho
a mí.

Hay días como hoy
en que puedo escuchar
cada sonido de mi cuerpo,
el sistema digestivo
es tan ruidoso.

Guarda silencio.

Cada paso en el pasillo del edificio,
las veces que se abre y cierra la puerta
de ingreso.

Hay días como hoy
que cierro
la puerta de ingreso
y quedo atrapada entre el pasillo
y mi departamento
sentada en los escalones
sucios
con las luces
completamente apagadas.

Cuando olvido mi contraseña me hago una nueva

Do you believe in the internet?

A la Poppy del 2016

Estoy segura de que
puedo vivir aquí
para siempre.

Hay un clima adecuado,
una serie de productos que me definen,
alimentación
a la corriente eléctrica.

Colócame tus etiquetas por encima
el cuerpo toma formas nuevas.

Extender
las capacidades
humanas.

Puedo ser
quien quiera ser.

Cada día me tomo menos fotos

Estoy segura
de que este no es mi rostro.

Perdí la cuenta de los días
que no me miré
en un espejo,
se acumula la mugre.

No puedo aceptar
que mi rostro sea este.

No reconozco esta piel
estas facciones familiares,
gracias a Dios por los filtros,
el futuro es ahora,
borrar mi identidad
y colocar una nueva,
a cada instante.

Me amo a cada momento,
más.

Con los brazos alrededor de las rodillas

Al final pasan los años.

Y una termina por entender
que adentro no pasa
            el tiempo.

Las baldosas quebradas
de mi habitación,
las fotos grises
polvo por encima.

En el suelo me siento bien,
un viento entra
por la ventana.

Hay voces en el pasillo.

¿A dónde se dirigen?

Al final pasan los años
y una termina por llorar
sin miedo.

Al final una termina
por reconocer:
lo etéreo no
se explica
en un video de YouTube
de algún niño rata

este hueco en el guion.

Al final cruzarse
de brazos
también es abrazarse
a una
            terminas
                    por entender
que es imposible ver
todas las películas del mundo
conocer todas las bandas del mundo

leer todos los mangas del mundo

saber todo

        del mundo.

Mis brazos abarcan
perfectamente
la forma encorvada
de mi cuerpo
en el suelo.

Y con eso es más que suficiente.

Nuevamente frente a una pantalla

Hay un desfile
de seres hermosos
que no termina.

La felicidad puede
compararse con esto,
estoy segura.

He derramado todos los corazones
que de mis manos brotan
en busca de empatía.

Sígueme y te sigo.

Soy una máquina de amor.

Ando por ahí
engendrando corazones para
los otros.

Repito mi nombre,
repito
mi nombre,
refresco la página
con agua fría
para ver qué tanto
crece mi hermosura.

Quizá me reconozca
por una vez.

Repito
mi nombre.

El rocío de la mañana
puede compararse con mis dedos.

Refresco la
pantalla otra vez
y cada día.

La tristeza también
puede
compararse
con esto,
estoy segura.

Deja de compararte con alguien que no existe

Mi cuerpo no

Mis manos no son como

Mis ojos no son

Mi piel no es como

Mi abdomen

Mi ombligo no

Mis brazos ojeras poros no son como

Mis orejas no

Mi forma de posar en las fotos no es

Mi ropa no es

Mis piernas cortas no son como

Mi cabello

La forma de mi rostro

No cae la misma luz
sobre mi casa que
sobre sus vidas.

En Japón la gente es más hermosa,
y en Corea y en China
y en Alemania y en Francia y en Inglaterra.

La pantalla permanece
rota.

Balada de los ángeles caídos

La nostalgia es adictiva.

Me cubre una bruma sepia,
no entiendo por qué
pero adentro siempre llueve
el suelo es tu reflejo,
hay cosas que caen
como tu vida.

Del pecho
un ramo de rosas
que más bien es
un arma que con lágrimas
mata.

Manos le van a faltar al futuro
porque ni siquiera existe.

Vivo hacia atrás en caída.

Hay más vidrios rotos en
este recuerdo,
más sangre ensuciando
los zapatos.

En el aire
buscas un motivo,
cae contigo
todo lo que llevas cargando.

Al fondo, un *blues*.

See you, Space Cowboy...

Capítulo II

今 も 同 じ
夢 に 見 て い る

Todavía sueño con el mismo sueño

"Tsubasa wo kudasai" / "Por favor dame alas"

(canción popular japonesa)

#Blessed

El algoritmo también puede ser divino.

Hemos deseado algo con todas nuestras fuerzas
como en un sueño;
no quiero pensar en los mitos modernos
los micrófonos
las cámaras.

Deseo con todas mis fuerzas

deseo

      con todas

        mis fuerzas
y de repente un día
abro mi puerta
o mi ventana
y en un hermoso canasto dorado

EL PERSONAJE CON PELO BLANCO

Estoy pensando en ti como en alguien que existe

Y es que existes.

Tienes fecha de nacimiento,
tu ficha técnica en Wiki.

Puedo cambiarte de ropa
colocarte en el sillón de mi casa,
elegir tu estatura.

Hacer un álbum de fotos
de nuestro reciente viaje
a las aguas termales,
porque iríamos
a las aguas termales.

No entiendo a
esas personas tristes
que se niegan
al amor,
voy a regalarles
una almohada
con la forma de tu cuerpo
para que puedan abrazarte.

Un hueco en el estómago.

Puedo pasarme la tarde pensando
qué haría alguien como tú
en medio del transporte público,
comprando un kilo de tortillas,
barriendo con agua
la mugre de la calle.

Cómo nos la pasaríamos
en una tarde de lunes
con la casa limpia
hablando de cosas absurdas.

Métela en arroz

La persona que creo el 2D es un dios.

TAKAYAN

Un grupo de señoras y yo
hemos decidido hablar de cosas
que importan.

Cómo envejecer
fuera del tiempo,
cómo las pieles se arrugan
pero el amor

                no.

El cuerpo es un lugar extraño,
lo que contiene.

Contener.

Un grupo de señoras y yo,
amamos los músculos 2D y
nos queremos mucho
entre nosotras.

Lo irreal
es más real a veces
que la realidad misma,
dice una,
detalles y precio,
dice otra.

Digo,
un grupo de señoras y yo
nos conocemos
en la fantasía universal
del amor.

El símbolo del mismo.
Compartir pareja ficticia,
es de nuestros recursos feministas
favoritos.

Olvida lo que dije

~~NO SE PUEDE~~
   ~~TENER~~
~~SENTIMIENTOS REALES POR~~
      ~~PERSONAJES FICTICIOS.~~

Estas lágrimas no son reales.

Estas ganas de tenerte
como fondo de pantalla
en mi celular.

De cartón tu novio coreano
vimos el mismo video,
junto a mi ventana
vemos juntos el atardecer,
la muerte del día.

Debe haber una explicación
científica
para este vacío
en mi estómago.

Esperar cada domingo,
capítulo nuevo
prender una veladora
para que no
falte.

Internet

Diosa.

Cadena de oración para
tener una red estable.

Crear expectativas.

Debe haber una explicación
científica para
esto.

Sostener firmemente
a un ser humano sin materia
junto a la ventana
y decirle "buenas noches".

Dakimakura (抱き枕)

Hablando de cosas firmes,
hay objetos que lo guardan a uno.

Lo sostienen.

Puedes colocarte por encima
a un lado
o por debajo
del ser amado.

También puede usarse
como objeto de seguridad o
para sostener otros objetos
como peluches, libretas
o la dignidad misma.

AYUDA: ~~coloqué mi estabilidad emocional en un personaje 2D~~

El mundo es hermoso porque existes.

Amo la luz.

Abro la pantalla y
todo se ilumina.

Abro
la puerta de mi casa
que es mi corazón
y ha aparecido tu rostro
en cincuenta y dos pulgadas,
4K para ver
el brillo de tus ojos
gigantescos
iluminando el mundo

mi cuerpo
sobre el sillón,
las quesadillas con champiñones
que me he preparado para la cena,

juntos.

Poner

      PAUSA

            para admirar la luz
            que sale de todas tus ventanas.

Quiero dedicarte una del Tri

Hay una tocada de *rock* urbano
en mi cabeza.

El activo hace que

Tú eres como un sueño,
y de ese sueño nunca quiero despertar.

Sentada en la banqueta
con una lata de cerveza
en cada mano.

No quiero ver a nadie,
guardo mi rostro
mirando hacia

Tú eres mi escape de la realidad.

Adentro se oye
el infinito del ruido.

Desde esta perspectiva,
hay una manada de lobos
ahí dentro.

Sudor, ropa sucia, estoperoles.

Contigo me pienso escapar de la realidad
y nunca ya nunca quiero regresar. Jamás.

Brindamos,
la cerveza una vez tibia
sirve para dibujar chorros
en el cielo.

Te llevo por *takashis* a la esquina

Me encanta que mi piel se arrugue
aunque tú estés igual siempre.

La calidad a veces baja
pero mi sentimiento
sigue siendo el mismo.

El amor existe.

Se me buguea el corazón
por fallas en el sistema o amor extremo,
las neuronas
no dejan de quejarse.

El cabello te huele muy bien
aun con el rostro sobre las cebollas asadas,
los platos cubiertos de bolsas
sobre las piernas,
tacos banqueteros
después de una tocada
underground.

Me sangra la nariz a chorros,
de ver cómo te enchilas
con la que no pica.

¿Los rábanos son fruta o verdura?

Calambre en la pantorrilla,
abrazo mi almohada
para volver a conciliar el sueño.

Amor al 5555

Cuando enviaste la palabra "AMOR"
no mencionaron

interdimensionalidadsubjetiva.

Señor,
quiero poner

una queja
en el buzón
de este
dudoso truco
llamado:

televisión abierta.

Cita con un video de YouTube para no sentirme sola

Tengo la mesa lista.

Manteles,
comida caliente.

Me quité los calcetines,
subí los pies a la silla,
el vestido levantado.

La confianza viene
cuando una ya se siente en casa.

Yo soy

      mi propia casa
y has venido a comer
como invitado.

Abres la boca y
comienzo a masticar,
me río de vez en cuando,
cambio de pantalla
adelanto.

Alguien más escribe,
ventanas emergentes.

Dos o tres
personas
quieren comer
conmigo.

Tomen ficha, tengo
las manos
ocupadas.

Llenas de salsa
Yahualica.

     No volveré
     a comer
          sola
     qué clase de ritual prehistórico
     es aquel
     del silencio,
     escuchar nuestra
     propia digestión.

Mastico y sigo
sigues
mi tema.

Abres la boca,
adelanto
velocidad 2x
vas y vienes
a toda prisa

corriendo
por todo el comedor.

Las puertas todas abiertas.

PNG L0V3

Me distraigo demasiado entre pestañas,
voy de una
a otra pensando
¿qué buscaba?
y siempre termino contigo.

Suena "Online love"
de una cantante cuyo nombre no sé pronunciar,
desconozco los códigos
gráficos complejos
de otro idioma,
dibujos que son palabras,
me conmueve su voz.

No sé japonés,
pero entiendo la palabra "yo" y "tú"
y con eso es suficiente.

Voy de una pestaña a otra
pero siempre termino

¿qué buscaba?

Encontré información sobre
profundidad de contraste
y otros importantes datos
que tienen que ver contigo
o con cualquiera.

Cada vez estoy más cerca
de verte desde diferentes ángulos.
Cómo será la humedad de tus ojos,
la forma en la que
luce tu rostro
cuando duermes.

Pienso en lo importante
de conocerse desde distintos ángulos.

Me angustia pensar
que no conozco mi
tatuaje de la espalda
cómo luce mi cuello
cuando camino.

Busco en internet el rostro

de aquella cantante
y solo encuentro
un avatar.

Su voz me conmueve
quiero abrazarla.

Mi esposo va a tomar el té con una prostituta de Yakuza

Mientras tanto,
miro a los gatos comunicarse
entre ellos,
hay algo primitivo
en el tacto.
Sus narices siempre
húmedas.

Estoy segura de que se llevan bien
ella y tú,
me dijiste su nombre
Ruka-chan,
su conversación te ha ayudado
a conseguir lo que buscabas.

Es de noche y la ciudad
es peligrosa,
miro a los gatos
con sus narices húmedas
ronroneo.

Te toco con la punta de mis dedos,
hay algo primitivo
en el tacto,
estoy feliz.

Siempre nos enamoramos de los malos

Quiero que llegues
a la escena del crimen
sin temor a ensuciarte de sangre.

Que uses ropa extravagante
pero cómoda,
el pecho descubierto
el cabello bien cuidado.

Toda tu espalda
tatuada
máscara *hannya*
dragones
toda una montaña
si lo consideras necesario.

Un demonio
cuida tu espalda,
y yo tu pecho.

Quiero que tengas
todos los dedos
de las manos
en su lugar.

I s e k a i
imagínate despertar
en una película de Takashi Miike,
qué haces que amaneces
en un bar
el pelo teñido de rubio
una cicatriz de extremo a extremo
del rostro,
todo este humo precioso
bailándote encima.

No hay nada
que perder.

Mis amigas
siempre se negaron
pero.

Todas esas rosas
volteadas en la pared
de sus habitaciones
en secundaria.

Secas y marchitas,
conservando
los pétalos en su lugar
todos los dedos de tu mano.

Muertas e intactas
las rosas
adornando el espacio
en el que se desarrolla
la trama.

B o s o z o k u

Yo sería la primera en
no soportar la cuestión del ruido
pero
llévame a dar una vuelta,
préstame los productos
que te pones en el cabello.

Hay un gran abismo entre lo que sabes
y lo que sientes.

Quiero vivir más allá de mí misma, por eso amo.

Comprendo que te casaras
con un holograma

A Akihiko Kondo

Antes creí
que la función de la carne
era probar
nuestra existencia,
pero existes.

Comprendo la paz que provoca
escuchar a un
procesador
      de voz
cantar una canción pegajosa,
el hormigueo
entre pecho
y ombligo.

Hablar
sobre temas triviales:
el clima,
jugo de frutas,
tu canción
favorita

el amor no se puede explicar,
el amor descansa sobre las cosas
que no explicas

amor
sobre las cosas
extrañas.

Así debe sonar
el corazón
de una persona
con dos coletas azules
que te recibe al llegar a casa.

Okaeri.

Decidir
       amar.

Ojalá el futuro,
como un dios
intangible y sin materia,
como es Dios,
te conceda abrazar a tu esposa, Akihiko.

Su carne caliente
el pulso de miles de años.
Su corazón
en un recipiente
como mi corazón
en mi propio
cuerpo.

Se siente muy bien
que alguien te espere
al volver a casa.

La luz encendida,
mirar al mismo
tiempo
el desgaste
de las paredes,
el rechinar de los huesos
al acostarse
en la misma cama.

Google: "Having a character by your side provides
emotional support" *search*.

```
        AMO AMO AMO
     AMO AMO AMO AMO AMO
   AMO AMO AMO AMO AMO AMO
     AMO AMO AMO AMO AMO
        AMO AMO AMO


                AMO


        AMO                 AMO
        AMO                 AMO
      AMO                     AMO
    AMO                         AMO
  AMO     AMO         AMO     AMO
  AMO     AMO           AMO     AMO
   AMO     AMO         AMO     AMO
    AMO                         AMO
      AMO AMO AMO AMO AMO   AMO
        AMO                 AMO
```

(ɔ ᴒᴗᴒ)ɔ♥

Zoltan Kaczuk (Budapest University of Technology and Economics) considera estudios AMO a los estudios sobre **Anime / Manga / Otaku.**

Cada quien debería poder vivir su vida como quiera.

<3

(*＾ω＾) ٩(ﻬ‿ﻬ)۶ (*ˊ▽ˋ*) (≧∪≦) (ﾉﻬﾜﻬ)ﾉ*:･ﾟ✧ (๑‿๑)و (つ◕‿◕)つ♥ o(ˊ‿ˋ)o

(*＾ω＾) ٩(ﻬ‿ﻬ)۶ (*ˊ▽ˋ*) (≧∪≦) (ﾉﻬﾜﻬ)ﾉ*:･ﾟ✧ (๑‿๑)و (つ◕‿◕)つ♥ o(ˊ‿ˋ)o

(*＾ω＾) ٩(ﻬ‿ﻬ)۶ (*ˊ▽ˋ*) (≧∪≦) (ﾉﻬﾜﻬ)ﾉ*:･ﾟ✧ (๑‿๑)و (つ◕‿◕)つ♥ o(ˊ‿ˋ)o

(*＾ω＾) ٩(ﻬ‿ﻬ)۶ (*ˊ▽ˋ*) (≧∪≦) (ﾉﻬﾜﻬ)ﾉ*:･ﾟ✧ (๑‿๑)و (つ◕‿◕)つ♥ o(ˊ‿ˋ)o

(*＾ω＾) ٩(ﻬ‿ﻬ)۶ (*ˊ▽ˋ*) (≧∪≦) (ﾉﻬﾜﻬ)ﾉ*:･ﾟ✧ (๑‿๑)و (つ◕‿◕)つ♥ o(ˊ‿ˋ)o

(*＾ω＾) ٩(ﻬ‿ﻬ)۶ (*ˊ▽ˋ*) (≧∪≦) (ﾉﻬﾜﻬ)ﾉ*:･ﾟ✧ (๑‿๑)و (つ◕‿◕)つ♥ o(ˊ‿ˋ)o

(*＾ω＾) ٩(ﻬ‿ﻬ)۶ (*ˊ▽ˋ*) (≧∪≦) (ﾉﻬﾜﻬ)ﾉ*:･ﾟ✧ (๑‿๑)و (つ◕‿◕)つ♥ o(ˊ‿ˋ)o

(*＾ω＾) ٩(ﻬ‿ﻬ)۶ (*ˊ▽ˋ*) (≧∪≦) (ﾉﻬﾜﻬ)ﾉ*:･ﾟ✧ (๑‿๑)و (つ◕‿◕)つ♥ o(ˊ‿ˋ)o

(*＾ω＾) ٩(ﻬ‿ﻬ)۶ (*ˊ▽ˋ*) (≧∪≦) (ﾉﻬﾜﻬ)ﾉ*:･ﾟ✧ (๑‿๑)و (つ◕‿◕)つ♥ o(ˊ‿ˋ)o

(*＾ω＾) ٩(ﻬ‿ﻬ)۶ (*ˊ▽ˋ*) (≧∪≦) (ﾉﻬﾜﻬ)ﾉ*:･ﾟ✧ (๑‿๑)و (つ◕‿◕)つ♥ o(ˊ‿ˋ)o

(*＾ω＾) ٩(ﻬ‿ﻬ)۶ (*ˊ▽ˋ*) (≧∪≦) (ﾉﻬﾜﻬ)ﾉ*:･ﾟ✧ (๑‿๑)و (つ◕‿◕)つ♥ o(ˊ‿ˋ)o

(*＾ω＾) ٩(ﻬ‿ﻬ)۶ (*ˊ▽ˋ*) (≧∪≦) (ﾉﻬﾜﻬ)ﾉ*:･ﾟ✧ (๑‿๑)و (つ◕‿◕)つ♥ o(ˊ‿ˋ)o

(*＾ω＾) ٩(ﻬ‿ﻬ)۶ (*ˊ▽ˋ*) (≧∪≦) (ﾉﻬﾜﻬ)ﾉ*:･ﾟ✧ (๑‿๑)و (つ◕‿◕)つ♥ o(ˊ‿ˋ)o

(*＾ω＾) ٩(ﻬ‿ﻬ)۶ (*ˊ▽ˋ*) (≧∪≦) (ﾉﻬﾜﻬ)ﾉ*:･ﾟ✧ (๑‿๑)و (つ◕‿◕)つ♥ o(ˊ‿ˋ)o

(*＾ω＾) ٩(ﻬ‿ﻬ)۶ (*ˊ▽ˋ*) (≧∪≦) (ﾉﻬﾜﻬ)ﾉ*:･ﾟ✧ (๑‿๑)و (つ◕‿◕)つ♥ o(ˊ‿ˋ)o

(♣◐ω◑)☞♡☜(◑ω◐♣)

</3

(=_=)Ф_Фo(т___т)o(;'∩°Д∩°)(ᴛ_ɟᴛ)(₀>__<₀) //(ToT)// UWU (ʸ ⌒ ˇ,)(x__x)
(=_=)Ф_Фo(т___т)o(;'∩°Д∩°)(ᴛ_ɟᴛ)(₀>__<₀) //(ToT)// UWU (ʸ ⌒ ˇ,)(x__x)
(=_=)Ф_Фo(т___т)o(;'∩°Д∩°)(ᴛ_ɟᴛ)(₀>__<₀) //(ToT)// UWU (ʸ ⌒ ˇ,)(x__x)
(=_=)Ф_Фo(т___т)o(;'∩°Д∩°)(ᴛ_ɟᴛ)(₀>__<₀) //(ToT)// UWU (ʸ ⌒ ˇ,)(x__x)
(=_=)Ф_Фo(т___т)o(;'∩°Д∩°)(ᴛ_ɟᴛ)(₀>__<₀) //(ToT)// UWU (ʸ ⌒ ˇ,)(x__x)
(=_=)Ф_Фo(т___т)o(;'∩°Д∩°)(ᴛ_ɟᴛ)(₀>__<₀) //(ToT)// UWU (ʸ ⌒ ˇ,)(x__x)
(=_=)Ф_Фo(т___т)o(;'∩°Д∩°)(ᴛ_ɟᴛ)(₀>__<₀) //(ToT)// UWU (ʸ ⌒ ˇ,)(x__x)
(=_=)Ф_Фo(т___т)o(;'∩°Д∩°)(ᴛ_ɟᴛ)(₀>__<₀) //(ToT)// UWU (ʸ ⌒ ˇ,)(x__x)
(=_=)Ф_Фo(т___т)o(;'∩°Д∩°)(ᴛ_ɟᴛ)(₀>__<₀) //(ToT)// UWU (ʸ ⌒ ˇ,)(x__x)
(=_=)Ф_Фo(т___т)o(;'∩°Д∩°)(ᴛ_ɟᴛ)(₀>__<₀) //(ToT)// UWU (ʸ ⌒ ˇ,)(x__x)
(=_=)Ф_Фo(т___т)o(;'∩°Д∩°)(ᴛ_ɟᴛ)(₀>__<₀) //(ToT)// UWU (ʸ ⌒ ˇ,)(x__x)
(=_=)Ф_Фo(т___т)o(;'∩°Д∩°)(ᴛ_ɟᴛ)(₀>__<₀) //(ToT)// UWU (ʸ ⌒ ˇ,)(x__x)
(=_=)Ф_Фo(т___т)o(;'∩°Д∩°)(ᴛ_ɟᴛ)(₀>__<₀) //(ToT)// UWU (ʸ ⌒ ˇ,)(x__x)
(=_=)Ф_Фo(т___т)o(;'∩°Д∩°)(ᴛ_ɟᴛ)(₀>__<₀) //(ToT)// UWU (ʸ ⌒ ˇ,)(x__x)
(=_=)Ф_Фo(т___т)o(;'∩°Д∩°)(ᴛ_ɟᴛ)(₀>__<₀) //(ToT)// UWU (ʸ ⌒ ˇ,)(x__x)

</3 щ(ФДФщ)

Capítulo III

Bajo un cielo a punto de caerse.
Jojo's Bizarre Adventure, Hirohiko Araki

La impresión de la corpulenta belleza
trae el juicio mortal sobre lo monstruoso.
Gantz, Hiroya Oku

Debes saber qué hacer con tu furia,
si es que será el aliento que te mantendrá vivo
o las llamas que te consumirán.
Berserk, Kentaro Miura

Vendo ojos

A Griffith, Dio, Johan, Amigo

He nutrido bien
la capacidad hormonal
de mis pupilas.

Todos estos líquidos
corriendo de aquí para allá
por el cuerpo.

No me arrepiento de nada.

Vivir en el error
no fue mi culpa,
esas películas infantiles
mentían.

Cómo me explico a mí misma
la bendición de algunos rostros.

Un cuerpo esculpido
por diosas con
un corazón oscuro.

Villanos hermosos
han venido a desfilar
frente a mis ojos.

En la vida real
los rostros más hermosos
tienden a ser más malvados.

No lo digo yo,
lo dice la ciencia,
o una encuesta en Insta Stories
que viene siendo

casi lo mismo.

Nos identificamos con personajes que han sufrido porque hemos sufrido pero no nos gusta aceptarlo

Al final
siempre se puede
ir hacia adelante.

Puedes llamarlo *power up*
o sacar tus propias conclusiones.

El resultado de una fuerza interna
ha de brotar en algún punto.

Respira.

Después de cargar por años una espada gigante
la espalda se acostumbra al peso,
imagínate: despiertas un día y el metal
se ha adherido
al cuerpo.

Una nueva extremidad.

Lo importante es
aprender a utilizarla.

Sí, pero Guts sufrió más

A Kentaro Miura: Gracias

Cuando estoy triste,
pienso que podría estar peor.

Me siento cómoda con esta cobija encima
detrás de una pantalla rota
mirando *edits* de Guts y
pensando en la desgracia.

Una se siente menos tonta
en comparación con el otro,
abro y cierro ventanas
expuesta a mi propio dolor.

Pienso en tu interior
y me viene un eclipse a la cabeza
tinta esparcida hasta el vientre,
perros ladrando.

En la vida hay varios eclipses solares,
sumida en la oscuridad total del día
cubro mis ojos con agua,

no mires fijamente,
detrás de una pantalla quebrada
con todos los filtros encima,
se desmorona
la imagen de tu rostro
van quedando pedacitos de plasma
entre las huellas dactilares.

Un hilito rojo
zurcido en el vientre
un niño dispuesto a vivir,
el cordón umbilical vencido.

Ojos cubiertos de lágrimas,
debajo de esta pantalla en pedazos,
tus cicatrices ahora
forman parte del ecosistema.

Curarte la herida
con rezos (~~besos~~).

El dolor más hermoso
de todos los planos astrales.

Mis ganas de vivir
abandonaron el chat

Decido que saldré
pero no salgo.

Me refiero al mundo,
del chat salí hace tiempo.

Busco algún pretexto.

Las personas 3D
dan ansiedad, sudan
un hueco en el estómago.

Tengo algunos años sin salir
de este cubículo abierto.

Me miro en la cámara
frontal.

Encuentro que no
me encuentro bien
me miro el reflejo por horas
esperando que suceda algo.

Estirar el rostro con los dedos
es un ejercicio extraño.

Busco tener otras facciones
debería buscar otra cosa, pero
¿qué era?

Busco alguna frase
que diga algo que quiero escuchar,
me encierro en este globo
de diálogo vacío.

Siempre hay un pretexto.

Me pierdo entre el consumo
de mis propios pensamientos
todo se ha vuelto tan peligroso aquí adentro.

Afuera,
no busco salir pero salgo,
el sudor, las ganas de estornudar
cuando se levanta una nube
de polvo.

El vecino
que pasea a su perro
la sonrisa de acera a acera.

No me llames por teléfono

Ahora mismo,
tengo varias
bombas de tiempo
en mi estómago.

Algo tan primitivo
como respirar profundamente.

El corazón
a punto de romper
las dimensiones.

Debe existir ya
nombre para
este desastre.

Timbre.

Un torbellino
tarda en formarse

un segundo
desde el hueco en el

        vientre bajo
dos segundos.

¿Por qué llamaaaar?

щ(ФДФщ)

Tres segundos.

Pasarme
un huevo
por el cuerpo,
alcohol con ruda,
una veladora
para quitar
este
terror.

No

me

llames

por

teléfono.

Cinco segundos.

Bajar el volumen.

Pensar.

Priorizar el motivo
inventar excusas.

¿Contesto?

de cinco a ocho segundos.

Excusas.

Excusado.

Exterminador de la paz interior
del ser. Meditación interrumpida.

Antes de arrastrar el pulgar

diez segundos
¿derecha o izquierda?

puede durar

un paro
c a r d i a c o.

El futuro está en los comentarios

Me lo dijiste más de una vez.

Lo maravilloso es que a veces
se pone poético.

Todo depende
del contexto.

Comienza a escribir
un cadáver exquisito
sin saberlo.

La persona que
desarrolla
un índice del contenido
en un video de YouTube,
debería tener un lugar
especial en el cielo.

Todas las flores del mundo.

Todas las palabras no dichas.

Todos los dedos hacia arriba.

Me lo dijiste más de una vez,
allí en este campo creativo
la verdad y el odio
discuten sobre cosas
sin sentido.

La soledad no es física

Una mentira.

En el lenguaje común
una mentira
siembra conversación.

No sé si he utilizado
las etiquetas correctas.

Palabras
fotos truqueadas
nombres nuevos.

Hablando con alguien
que olvidaré mañana:
¿si yo fuera un vaso con agua,
me aceptarías?

En la sequía es fácil
ser una bolsa de papel
que vuela de aquí para allá
en medio de la basura y el polvo.

El sufrimiento no siempre
es físico.

Un *whatsapp* sin abrir,
una bandeja que se oculta,
el agujero sin fondo
que ha vivido desde
todos los presentes,
este ombligo.

Tengo una decena de amigos que no saben que existo

No te conozco, no me conoces a mí,

sorpresas hay por vivir.

GRUPO PALOMO

Las ventanas se han vuelto ruidosas.

Hay noches en las que voy
a una fiesta sin invitados,
globos pegados al techo.

Para quebrar una piñata
se necesitan
por lo menos dos.

¿La sala está vacía
si estoy solo yo?

La sala es mi cuerpo
frente a una cámara
sucia.

Pienso
sería divertido ser alguien.

Mis amigas no están disponibles
sus avatares se han vuelto grises,
desinflo cada globo
con las uñas.

¿Cómo se dice *tristeza* en tu país?

Una fiesta es una fiesta
si hay miles de personas
viéndote llorar.

En vivo,
una cubeta que se llena
se llena
se llena.

Afuera, no

       ha estado lloviendo.

Regla #34

Si existe, hay porno de ello.

Lo que realmente existe
es mi deseo por sentir cosas.

Empatizar,
sentirse comprendida.
Llenar estos huecos vacíos.

Consumo.

¿Habrá porno de todo ello?

¿Hasta cuándo viven los muertos en la red?

A Shina

No sé por qué
tuve la sinvergüenza
de buscar tu nombre
en mis contactos.

Pero es que recordé
cuando me hablaste
en el jardín
sobre las cosas que
te dolían.

Hablar
sobre lo que duele,
es sentarse
en el suelo
del jardín
mientras anochece,
me quedó claro.

Aguardar
entre
silencios,
leer palabras
desde las notas del celular.

Un recuerdo
es un recuerdo
es un recuerdo
es un recuerdo.

Hubiera querido recibir tu correo
y pensar *no es cierto*
y tener miedo
y curiosidad
al mismo tiempo.

La ciencia ficción existe
porque existes tú.

Tu nombre en mis contactos
tu foto en el perfil
tu último *post*
la gente que dijo
que te amaba.

Tus historias destacadas.

Olvidaste tu pasado
en mi cuarto,
una bolsa negra
con basura,
algunos anillos
papeles que destrozaron
los gatos.

No

me di

        cuenta.

Alguien
comentó tu foto
hace dos días,
dijo "te extraño".

Si la poesía es algo así
como un vínculo divino,
te lo escribo aquí
para que lo sepas.

La función del recadero
en el inframundo,

sería yo, una especie de
xoloitzcuintle
con copete rosa
y una pata lastimada.

Guardo por siempre
tu secreto.

Te he puesto en la carita
un *like*,
después de un año
no me atrevo
a borrarte del chat.

Leer en tu ausencia
un pequeño grito
o una gran
despedida.

Una termina por
volverse un número,
uno menos en la
lista de amigas
para felicitar en su cumpleaños.

De las dos muertes
tú solo llevas una.

Quiero llorar porque internet es un lugar muy vasto

Estoy a punto del colapso
pero mis amigas
me enviaron *stickers*
hermosos.

Las cosas absurdas
me han salvado
más de lo previsto.

Tengo
la sensación
de poder
elegir con
qué sentirme mal.

A un clic.

O a varios,
una búsqueda
exhaustiva.

Exploración
de campo.

Mis ganas de vivir ya
abandonaron el chat
otra vez.

Hay días en los que no me puedo
levantar
mi espalda
ha decidido doblegarse.

Nunca hubiese deseado
crecer, para cargar todos estos
objetos encima.

Voy descalza por la casa,
buscando, sin querer
algún vidrio
perdido
que se entierre
en mis dedos gorditos.

Las cosas que voy rompiendo
se me caen de las manos,
se esconden bajo los muebles.

Así como que nadie se lo
espera, puede
que brote la sangre
una tarde cualquiera
después de un día de mierda.

En el cielo no hay wifi

A Ángel Ortuño

Mi *feed* se convierte poco a poco
en un cementerio.

Voy andando a puntillas
entre lápidas,
publicaciones compartidas
hace tres horas.

Algunas llamadas,
mensajes,
signos de admiración,
caritas tristes.

Buscar a la mayor velocidad
la foto más reciente con el difunto
para decir: descanse en paz.

Las fotos una y otra vez
mientras sigo subiendo,
   camino

de puntillas   entre lápidas,
haciendo el menor ruido posible,
palabras dichas
para siempre
en este cielo saturado de mensajes:

Tengo hambre.

Recomendaciones de dentistas por la zona.

Para el papá de un amigo
Donación de sangre O+
U R G E N T E

Tuve dos hijos.

Soltera de nuevo,
aquí está mi cuerpo.

Se busca trabajo:
lavo
plancho
escribo poemas.

No puedo separarme
            de este laberinto
de triunfos y derrotas.

Camino,
sigo caminando por las lápidas
es, honestamente
una actividad muy solitaria
andar por ahí
visitando a los muertos en sus perfiles,
ir de tumba en tumba
buscando abrir ventanas
sin que nadie te vea.

Qué de mal gusto
la exploración de los procesos naturales.

¡Deja de sentir cosas!

Leí recientemente
sobre lo que sucede con las cuentas
de las personas que mueren.

Estudios (dudosamente respaldados)
afirman, que cada día mueren
cerca de ocho mil usuarios de Facebook.

Una, en ese caso, tendría
hipotéticamente dos opciones:

1. Confiar en el aviso familiar (estrictamente verificado) para eliminar dicha cuenta. O:
2. Convertirse en un altar permanente del Día de Muertos que diga:

"Aquí vivió y murió,
este ser que viste, ves y verás en el futuro,
vistiendo esta misma ropa y esta misma cara

por la eternidad

o los siglos
o hasta que la muerte

(de internet)

nos separe".

A veces olvidamos que la
oportunidad de derrotar al
mal siempre es

AHORA AHORA AHORA AHORA AHORA
AHORA AHORA AHORA AHORA AHORA
AHORA AHORA AHORA AHORA AHORA
AHORA AHORA AHORA AHORA AHORA
AHORA AHORA AHORA AHORA AHORA
AHORA AHORA AHORA AHORA AHORA
AHORA AHORA AHORA AHORA AHORA
AHORA AHORA AHORA AHORA AHORA
AHORA AHORA AHORA AHORA AHORA
AHORA AHORA AHORA AHORA AHORA
AHORA AHORA AHORA AHORA AHORA
AHORA AHORA AHORA AHORA AHORA
AHORA AHORA AHORA AHORA AHORA
AHORA AHORA AHORA AHORA AHORA
AHORA AHORA AHORA AHORA AHORA
AHORA AHORA AHORA AHORA AHORA
AHORA AHORA AHORA AHORA AHORA
AHORA AHORA AHORA AHORA AHORA
AHORA AHORA AHORA AHORA AHORA
AHORA AHORA AHORA AHORA AHORA
AHORA AHORA AHORA AHORA AHORA
AHORA AHORA AHORA AHORA AHORA
AHORA AHORA AHORA AHORA AHORA

AHORA AHORA AHORA AHORA AHORA
AHORA AHORA AHORA AHORA AHORA
AHORA AHORA AHORA AHORA AHORA
AHORA AHORA AHORA AHORA AHORA
AHORA AHORA AHORA AHORA AHORA
AHORA AHORA AHORA AHORA AHORA
AHORA AHORA AHORA AHORA AHORA
AHORA AHORA AHORA AHORA AHORA
AHORA AHORA AHORA AHORA AHORA
AHORA AHORA AHORA AHORA AHORA
AHORA AHORA AHORA AHORA AHORA
AHORA AHORA AHORA AHORA AHORA
AHORA AHORA AHORA AHORA AHORA
AHORA AHORA AHORA AHORA AHORA
AHORA AHORA AHORA AHORA AHORA
AHORA AHORA AHORA AHORA AHORA
AHORA AHORA AHORA AHORA AHORA
AHORA AHORA AHORA AHORA AHORA
AHORA AHORA AHORA AHORA AHORA
AHORA AHORA AHORA AHORA AHORA
AHORA AHORA AHORA AHORA AHORA
AHORA AHORA AHORA AHORA AHORA
AHORA AHORA, AHORA, después quizá sea

demasiado tarde.

A la familia Jostar.

Capítulo IV

Para el anime no existe manual de instrucciones.

Pero es que para sentir, ¿se requiere manual
de instrucciones?

Tetsuo

A veces me siento
como una máquina
que no hace
más que quejarse.

El horror se siente,
no se explica.

Si me quedara
solo el cerebro
podría explicarme
pero no puedo.

Metamorfosis.

Nunca estamos
lo suficientemente tristes
para cambiar algo.

No percibir el dolor
buscar en google
no percibir el sufrimiento

videos cortos
no percibir el vacío
de gatitos
arrasarlo todo
haciendo cosas.

Irse.

(ಥ﹏ಥ)ʃ

Como el universo sigue expandiéndose,
nos sentimos todos incómodos.
SHUNTARO TANIKAWA

Desprenden onomatopeyas
mis piernas cansadas.

Mi cuerpo en automático
se ha tirado sobre el sillón
de dos plazas.

No lo he decidido yo.

Hace calor
quisiera
beber agua.

Entra un rayo de sol
sobre mi cara,
achico los ojos.

Gracias a mi mano izquierda.

Mi cuerpo horizontal
en dirección al techo,
celular sostenido con
la mano derecha
pulgar todopoderoso
justo encima
de mis ojos.

Arriesgando el físico.

Todo por
        husmear la vida
de los otros,
quiero decir, descansar,
revisar cuántas personas
existen mejor que yo,
menos cansadas que yo,
más hermosas que yo.

Por lo menos sin este sudor
entre los lentes y la nariz.

Zumbido de zancudo.

Sed.

Entra el sol
sobre mi cara.

Mano izquierda.

Sed.
Hambre de las
6:00 p.m.
no lo he decidido yo.

Lo juro.

¿Comienzo a quedarme dormida?
Es pregunta.

Entre el interior
y el exterior de esta pantalla
hay un fragmento del universo suspendido.

Estoy cansada
mi cuerpo
no.

Responde
una encuesta
sobre si alguien debe o no

hacer ciertas cosas
con su vida.

Sí. Siempre. Sí.

Comienzo a quedar

               me
Un golpe de Dios
directo en la cara.

Levántate y anda.

Levántate

        y

           anda.

Ichi

Parece que mis ojos
han sido creados para llorar.

Escuchaste que llorar es para débiles
pero la fuerza no tiene que ver
con fluidos.

El líquido que sale de mis ojos
es una llave con fuga,
podría
llenarte esa bolsa
de globos Payaso
y tirarlos
desde lo alto de esta azotea.

Una llave con fuga.

Cada que alguien *fuerte* pase
tiramos un globo de lágrimas
en su cabeza.

Baño de lágrimas
cascada de dolor.

Si yo fuera fantasma
sería una Llorona explosiva
no que deambula,
sino que revienta
globos
rellenos de

Pequeñas dosis catárticas
cayendo desde lo alto.

Quién te dijo que llorar

¿Quién?
Aun con la inconsistencia de mis cuerdas vocales
puedo

emitir sonidos,
poema sonoro
mis sentimientos,
exhibidos en una azotea.

Bienvenides.

Mis venas se oxigenan,
hiperventilo.

Tus piernas tiemblan
pero puedes PATEAR
el truco está en aceptarlo,
lo dijo él.
Número uno en llorar.

Hacer una plana con cursiva
cuaderno cuadro chico,
Bic punta fina:

Aceptar el dolor

Enfrentar(se)

Temo más de mí misma
que de cualquiera
que quiera
hackearme los ojos.

Lloro.

En promedio setenta y cinco litros de lágrimas
salen al año del ser,

yo he de llorar setecientos cincuenta.
Squirtle de lágrimas,
qué pokemón tan básico sería.

Aburrida.

Los cholos siempre tienen razón.

Un payaso que ríe

     el otro

globos
desde la azotea.

Ante la ausencia de palabras
                          û.

Adiós al cuerpo

Lo que quiero es que
mi cuerpo se caiga a pedazos.

Trabajo mientras anochece y
me duelen
los dedos.

Tecleo.

Paso entre ventanas
frente a otra ventana
y cae la noche.

Se va poniendo
a través del cristal
oscuro,
tecleo.

Paso de un chat con mis amigas
a pagar mis impuestos,
emitir factura
del desgaste de mis ojos

el desglose debe ser exacto,
decimales.

El tiempo justo,
correos se acumulan
sobre mi cuerpo
como una coraza,
memes tramadol,
opioides visuales.

Música que acelere el proceso
de putrefacción
el calor ya hace
efecto.

Tecleo.

Se va poniendo oscuro
mi cuerpo
o es la
la habitación.

Mis dedos
teclean.

El dolor es un
regalo.

Soy
porque hago cosas,
paseo
entre ventanas.

Voy de una
a otra
entre
fastidio
y risas.

Un cuerpo
a media habitación
los ojos regados
por el suelo.

Aún veo
a pedazos
la pantalla
encendida.

Detrás de ti no hay nadie

Mi corazón se conmueve por todo lo que no puedo salvar:
se ha destruido tanto.
ADRIENNE RICH

A la chica del tiktok de Itachi

Nadie puede ser salvado
excepto tú misma.

Esto es lo que soy,
mi telaraña se rompe.

Qué naturaleza más ingrata
no abrazar mi corazón
y dedicarle
todos los poemas de amor
del universo.

Deberíamos tener ya un chip incrustado en la cabeza

O en los dedos,
no sé.

Cuando se presenten síntomas
de querer morirse una
quitarse el rostro en partes
pasar por algunos sitios

      superficiales
bisturí o sierra eléctrica,

podría autorizarse
en automático
bloquear todas
las entradas y salidas
laberinto de luces
que encandilan.

Perro atropellado
en carretera.

Hay un lugar muy cercano
donde habitan mujeres
increíbles.

Es fácil perderse, lo sé,
colores ficción, pero
la ficción imita a la realidad,
no engañas a nadie.

Hermosas se ven
en sus cuerpos,
esculpidos
ropas caras
que usarán solo una vez.

Un material etéreo las cubre
del frío.

¿A dónde irán a llorar por las noches?

Ninfas,
con sus uñas
se pican la nariz
a escondidas.

Sus cabellos divinos
y rosas o azules
o el color que quieran,
no debe deslavarse
con las lágrimas
que caen del cielo.

Aguacero,
calles inundadas,
bolsa negra de basura.

La realidad virtual
es realidad.

Tienen vidas envidiables
todas.

Admirar el laberinto
de sus cualidades.

Comprendo que la
perfección requiere mucho esfuerzo,
tomarse dos mil quinientas fotos
para elegir solo una.

La ficción también es.

Llevar buen celular
buena cámara
excelente memoria RAM
es esencial
para morir
atropellado en
carretera.

A veces me siento más inútil que un *link* impreso en una hoja de papel

Liga.

Hay una liga
oprimiendo mis brazos.

Qué harías si quieres abrazar,
por ejemplo,
un árbol pero estás
en el desierto.

Resuelve el acertijo,
no pongas
esa   cara.

No hay resultados
de cabeza.

Lo sé.
No voy
a ningún lado
con las lágrimas
haciendo un charco
pero

Estudio mi caso.

Estudios revelan
que nadie en ninguna
institución ha emitido resultados.

Mala suerte.
Mañana puede ser
otro día.

Godzilla es un ciudadano japonés

Ejemplar.
Sesenta y ocho años.

Devora la ciudad
o baila con ella.

La maldad
es un monstruo amigable.

Hay en su nombre
la unión de dos razas,
mutadas por accidente,

       cosas de la naturaleza.

La maldad no es
un *kaiju* legendario.

Quisieras saludarlo en la calle
por la mañana
cuando sacas la basura
todavía en pijama.

La maldad tiene
ojos y boca y manos.

Godzilla
paga sus impuestos,
levanta del suelo
la caca de su perro
aunque nadie le vea.

La calle vacía.

Encontrarse a Godzilla
sería una suerte,
siendo mujer
una se siente acompañada.

La maldad
no tiene escamas.

Godzilla organiza
cada año,
batallas de rap
para los niños de la colonia.

La maldad
tiene pies y sed y hambre.

Apadrinó a varios muchachos
del anexo,
les enseñó a hacer
con hojalata
rosas y ranas
y árboles gigantescos.

La maldad
tiene voz
y también habla

tu mismo idioma.

Suéltame, personaje ficticio por
el cual desarrollo sentimientos
reales de afecto, que muere de
manera trágica y triste, lo cual
afecta mi salud emocional y
psicológica, me estás lastimando

> *This music is the only thing keeping the peace*
> *when I'm falling to pieces.*
>
> LIL PEEP

Una debe;
una debe ser
el propio ser amado.

Ser la puerta que une
lo que existe con lo que

A veces incluso,

      reflejarse
ponerse una peluca,
confeccionarse las propias ropas,
usar las mismas armas.
Dedicar días y noches a la

preparación física y mental,
confeccionar con todo el amor
que te quepa en el pecho,
el traje de humanos.

      Abrazarse.
Una debe
vivir el ser amado
desde dentro.

Tú y yo comparando el rap de MC Dinero con el cine de Shinya Tsukamoto es de las cosas que me dan vida

Sagda magda sagdamoderfukin magda
MC DINERO

A Armando

No importa
que no existan las palabras.
No importa que no

.

La carcajada,
el lenguaje de
mal hecho o reinventado,
el movimiento de unas manos,
el pulso,
siempre el pulso,
muchos buenos resultados.

*No hay que creer en Dios,
hay que aprender a verlo,*
me dijiste, esa tarde.

Capítulo V

Descender es mucho más difícil que subir.
Kokou no Hito, Shinichi Sakamoto

Comencé escribiendo este libro con toda la ilusión
de mi infancia y la pureza de confiar
en la memoria.

Cada que investigaba más,
mis recuerdos se deshacían y rehacían,
hacer memoria se volvía un ejercicio más bien creativo.

La realidad se transforma.

El camino de la escritura es un camino en solitario,
una subida cada vez más difusa,
cada vez más arriesgada.

Mi trabajo ha consistido en crear una ruta:
pasar de estar feliz a estar triste
y viceversa.

Este mundo es cruel, y a la vez es hermoso

Podemos ir a donde queramos pero,
si no tenemos algún lugar al cual regresar,
seguramente no llegaremos a ningún lado.
"AKUMA NO KO, ENDING THE FINAL SEASON PT.2",
SHINGEKI NO KYOJIN

Mi casa soy yo.

Siempre he sido
un silencio asustadizo,
rodillas raspadas.

Una vez me perdí
en un Soriana,
esconderse entre la ropa de niño.

Volver
       sin haberse ido
y encontrar nuevas rutas.

.

.

El amor es un refugio,
es resistencia.

.

.

El amor no es un sitio http//
el amor no es una suscripción gratuita por treinta
días
el amor no son piezas limitadas
pop-up de artículos únicos y caros
el amor no es
una cifra que crece y se reduce
el amor no es
el amor no
puede silenciar las palabras
que te incomodan
restringir ciertos contenidos.

Algunas veces no estoy de acuerdo
conmigo misma.

El mundo puede ser muy cruel,
pero aun así yo te amaré.

El amor
es una forma de encontrarse.

Siempre que sueño que estoy en casa
estoy aquí.
Cubierta de lágrimas y mocos,
un pecho que se infla,
sentir el viento helado
de diciembre en la nariz,
los gatos cumplen su cometido
ronronean bajo mi mano en un lenguaje
que no comprendo.

Me voy para volver

                a mí misma,
mi casa no tiene materia,
tadaima,
mi sangre y una llave
saben a lo mismo.

Posibles finales felices para personajes muertos

A Kato Buntaro

En el final final
hay una montaña nevada y
un cuerpo destrozado.

Un héroe no es un héroe,
es un ser humano.

Perdí algunos dedos
y la capacidad de ver el cielo,
las extremidades
no son indispensables
para la vida.

El cuerpo humano no soportaría
la verdad de un deseo.

Las palabras me han dicho
algunas cosas que no podría explicarte,
diálogos ilegibles.

Hay muertos que quisiera abrazar,
los siento muy cerca mío,
he aprendido a convivir con los recuerdos
darles una habitación caliente
con baño propio,
he buscado en Google algunos nombres
las fechas de sus muertes.

Si el dolor no se expresa no existe
lo tengo claro,
la felicidad es un don que a veces está mejor
guardado,
lo aprendí de ti.

Conozco en tu silencio
la capacidad de sentir
al cien por ciento.

En tus ojos
el reposo de tu corazón
palpitando.

En la fantasía vive la verdad

Hay miles de lenguajes y elegimos este.

ENDING

Estoy parada sobre esta ciudad
en ruinas
y llueve.

La nostalgia es
un plano abierto
de Tokio
con luces neón,
espectaculares
capitalizando el futuro.

Lo vi en un fondo
de pantalla del celular
o en un sueño.

Tu sudor brilla muy bien,
sobre los charcos
de una ciudad llueve,
los paraguas transparentes
en orden coreográfico.

El paisaje se parece a
tus sueños.
Aquí siempre es de noche.

En tus sueños
hemos saltado desde
las copas de los edificios,
nuestra ropa es hermosa
y nuestro cabello
y nuestras expresiones faciales.

Buscamos una señal divina
que nos diga
que somos

     nosotros
a quienes se ha elegido
en un consenso divino.

Los *yokais* de una ciudad
que son más bien
bolsas de Soriana
que vuelan
a causa del viento helado
y solitario de la noche.

No ha dejado de llover en
mis ojos,
pero estamos aquí,
frente a una ventana
que nos refleja.

Nuestras manos se entrelazan
nuestro sudor se vuelve uno
con el agua que cae del cielo
contaminado.

Referencias

Por orden de aparición:

Fullmetal Alchemist: Brotherhood, Hiromu Arakawa, 2009.

Neon Genesis Evangelion, Hideaki Anno, 1995.

Shingeki no Kyojin, Hajime Isayama, 2009.

Naruto, Masashi Kishimoto, 2002.

Sailor Moon, Naoko Takeuchi, 1992.

Ranma ½, Rumiko Takahashi, 1989.

Dragon Ball, Akira Toriyama, 1984.

Pokémon, Satoshi Tajiri, Junichi Masuda, Ken Sugimori, 1997.

Cowboy Bebop, Hajime Yatate, 1998.

Jujutsu Kaisen, Gege Akutami, 2020.

Oyasumi Punpun, Inio Asano, 2007.

Yakuza, Toshihiro Nagoshi, 2005.

Tokyo Revengers, Ken Wakui, 2017.

Jojo's Bizarre Adventure, Hirohiko Araki, 1987.

Gantz, Hiroya Oku, 2000.

Berserk, Kentaro Miura, 1989.

Monster, Naoki Urasawa, 1994.

20th Century Boys, Naoki Urasawa, 1999.

Tetsuo: The Iron Man, Shinya Tsukamoto, 1989.

Ichi the Killer, Hideo Yamamoto, 1993.
Kokou no Hito, Shinichi Sakamoto, 2007.

Índice

OPENING, *11*
Deja de huir, *13*

CAPÍTULO I, *17*
Alguien debe pilotear la nave, *20*
Kurikitatakae, *22*
Power up plastic, *24*
Quisiera tener siempre el cabello lindo como esas
    monas del anime, *26*
Físicamente estoy aquí, pero mentalmente estoy en
    las calles de Akihabara, *30*
Hay días en los que me siento pésimo (tal vez borre
    después), *32*
Cuando olvido mi contraseña me hago una nueva, *34*
Cada día me tomo menos fotos, *35*
Con los brazos alrededor de las rodillas, *36*
Nuevamente frente a una pantalla, *39*
Deja de compararte con alguien que no existe, *41*
Balada de los ángeles caídos, *43*

CAPÍTULO II, *45*
#Blessed, *49*

Estoy pensando en ti como en alguien que existe, *50*

Métela en arroz, *52*

Olvida lo que dije, *54*

Dakimakura (抱き枕), *56*

AYUDA: ~~coloqué mi estabilidad emocional en un personaje 2D~~, *57*

Quiero dedicarte una del Tri, *59*

Te llevo por takashis a la esquina, *61*

Amor al 5555, *63*

Cita con un video de YouTube para no sentirme sola, *64*

PNG L0V3, *67*

Mi esposo va a tomar el té con una prostituta de Yakuza, *70*

Siempre nos enamoramos de los malos, *72*

Comprendo que te casaras con un holograma, *76*

<3, *81*

</3, *82*

CAPÍTULO III, *83*

Vendo ojos, *87*

Nos identificamos con personajes que han sufrido porque hemos sufrido pero no nos gusta aceptarlo, *89*

Sí, pero Guts sufrió más, *90*

Mis ganas de vivir abandonaron el chat, *92*

N o m e l l a m e s p o r t e l é f o n o, *94*

El futuro está en los comentarios, *98*

La soledad no es física, *100*

Tengo una decena de amigos que no saben que existo, *102*

Regla #34, *104*

¿Hasta cuándo viven los muertos en la red?, *105*

Quiero llorar porque internet es un lugar muy vasto, *109*

En el cielo no hay wifi, *112*

A veces olvidamos que la oportunidad de derrotar al mal siempre es, *116*

CAPÍTULO IV, *119*

Tetsuo, *123*

(ಠ__ಠ)ʃ, *125*

Ichi, *129*

Adiós al cuerpo, *133*

Detrás de ti no hay nadie, *136*

Deberíamos tener ya un chip incrustado en la cabeza, *137*

A veces me siento más inútil que un *link* impreso en una hoja de papel, *141*

Godzilla es un ciudadano japonés, *143*

Suéltame, personaje ficticio por el cual desarrollo sentimientos reales de afecto, que muere de

manera trágica y triste, lo cual afecta mi salud
   emocional y psicológica, me estás lastimando, *146*
Tú y yo comparando el rap de MC Dinero con el cine
   de Shinya Tsukamoto es de las cosas que
      me dan vida, *148*

CAPÍTULO V, *149*
Este mundo es cruel, y a la vez es hermoso, *155*
Posibles finales felices para personajes muertos, *157*
En la fantasía vive la verdad, *159*

E N D I N G, *161*

Referencias, *166*

Otras publicaciones / Almadía España

Pantano
Ana Emilia Felker

Ciudad Láser
Mariantuá Correa

Mañana ya no hablaremos de nada
Montse Bizarro

Troika
Isabel Zapata

Retrofuturismos. Selección de cuentos escritos
por las pioneras de la ciencia ficción del siglo xx
a partir de *¡El futuro es mujer!*
VV.AA./Lisa Yaszek/Trad. Falsos Amigos

Mundos alternos. Selección de cuentos escritos
por las pioneras de la ciencia ficción del siglo xx
a partir de *¡El futuro es mujer!*
VV.AA./Lisa Yaszek/Trad. Falsos Amigos

No fue penalti. Una jugada en dos tiempos
Materia dispuesta
Juan Villoro

Transporte a la infancia
Frida Cartas

Genética de los monos
María José Ramírez

Cuando las mujeres fueron pájaros
**Terry Tempest Williams/Ediciones Antílope/
Trad. Isabel Zapata**

Poemas para otakus

de Paola Llamas Dinero

se terminó de

imprimir

y encuadernar

en mayo de 2024,

en los talleres

de Romanyà Valls,

Plaça Verdaguer 1, Capellades,

Barcelona, España.

Para su composición tipográfica se empleó la fuente Minion de 16:15 y 10:15.

El diseño es de Alejandro Magallanes.

El cuidado de la edición estuvo a cargo de Dulce Aguirre.

La formación de los interiores la realizó Ana Paula Dávila.

La impresión de los interiores se realizó sobre papel Lux Cream de 80 gramos

y el tiraje consta de 500 ejemplares.